GUIDE DE SURVIE

TABLE DES MATIÈRES

- SURVIVRE DANS LA NATURE 2
- L'HYPOTHERMIE ET L'HYPERTHERMIE 4
- UNE SORTE D'IGLOO 6
  - *Sites à éviter* 8
  - *Abris qui sortent de l'ordinaire* 9
- LA OÙ IL Y A DE L'EAU, IL Y A DE L'ESPOIR ... 11
  - *Comment recueillir de l'eau dans le désert* ... 12
- ABANDONNÉS DANS LE DÉSERT 14
  - *Accessoires chies dans le désert* 15
- L'ADAPTABILITÉ 16
- IL N'Y A PAS DE FUMÉE SANS FEU ! 20
- L'ÉTAT D'ESPRIT, ÇA COMPTE ! 22
- TRUCS ÉLÉMENTAIRES DE SURVIE 24
  - *Improvisation et imagination* 25
- ILS ONT SURVÉCU ! 27

Texte de MELAINA FARANDA   Illustrations d'Adam Nickel

SURVIVRE DANS LA NATURE

Tu n'auras probablement jamais besoin de manger des lézards, de boire le sang des chauves-souris, de t'extirper d'un gouffre, d'enlever des vers sur tes blessures suppurantes, de manger des chiens husky, de marcher 60 km pour trouver des secours après avoir été mutilé par un ours ou encore de t'amputer d'un membre sans anesthésie. Des personnes ont déjà dû affronter ces situations extrêmes, et elles ont survécu !

Que signifie gouffre ? mutilé ? hydraté ? psychologique ? spirituel ? homéostasie ?

Dans les sociétés industrialisées, tout est à portée de main : l'eau courante, la climatisation et le chauffage dans les maisons, des épiceries aux tablettes débordant de nourriture, des vêtements pour se protéger de la chaleur ou du froid. Dans un tel contexte d'abondance, il n'est pas étonnant que la plupart d'entre nous ne connaissent pas les règles de survie les plus élémentaires.

chaud — froid — climatisation — chauffage

Prédiction
Observe les illustrations de cette page et la page de couverture. Selon toi, à quel type de lecteur s'adresse ce texte ?

COMMENT PEUT-ON SURVIVRE DANS LA NATURE ?

Un psychologue du nom d'Abraham Maslow a établi une pyramide des besoins humains. Il affirme que, tant qu'on n'a pas comblé les besoins du premier niveau de la pyramide, on ne peut passer au niveau suivant. Et ainsi de suite pour les autres degrés de la pyramide. Avant de pouvoir satisfaire des besoins psychologiques, on doit répondre aux besoins physiologiques fondamentaux: respirer; manger; boire; excréter; dormir; et assurer l'homéostasie, c'est-à-dire l'équilibre de la température et des taux de sucre et de sel du corps.

DÉDUCTION
Que présume-t-on par rapport au lecteur de ce guide ?

PREMIÈRE CHOSE À FAIRE pour rester en vie
Prends une respiration profonde
ÉTAPE 1: Inspire.
ÉTAPE 2: Expire.
ÉTAPE 3: Recommence.
Ta survie passe par ça !

LA HIÉRARCHIE DES BESOINS, SELON MASLOW

BESOIN D'ÉPANOUISSEMENT: créativité, spontanéité, résolution de problèmes, liberté de préjugés, acceptation des faits, besoins spirituels

BESOIN D'ESTIME: estime personnelle, confiance, accomplissement, respect des autres, respect mutuel

BESOINS AFFECTIFS: amitié, amour, famille

BESOIN DE SÉCURITÉ: toit, sécurité de revenus et de ressources alimentaires, sécurité contre la violence, stabilité familiale, sécurité de la propriété

BESOINS PHYSIOLOGIQUES: respirer, manger, boire, excréter, dormir et assurer l'homéostasie

Regard sur la langue
Y a-t-il une figure de rhétorique dans le texte ? Laquelle ?

UNE PERSONNE EN SITUATION DE SURVIE dans la nature doit garder une attitude positive et se concentrer sur les besoins à la base de la pyramide: se mettre en sécurité; se protéger du froid ou de la trop grande chaleur dans un abri, qu'elle trouve ou construit; et s'hydrater.

Plusieurs survivants ne sont pas tout à fait d'accord avec la théorie de Maslow. Ils disent que trouver un abri est plus important que les besoins physiologiques de base (sauf respirer, bien entendu). Sans abri, la chaleur extrême ou le froid peuvent provoquer l'hyperthermie ou l'hypothermie.

QUE FERAIS-TU pour survivre dans :

1. LE DÉSERT ?   2. LA NEIGE ?

L'HYPOTHERMIE

Lorsqu'on a froid, on s'expose à l'hypothermie. La température intérieure du corps est alors au-dessous de la normale. Au contraire, lorsqu'il fait très chaud, les coups de chaleur nous guettent. On risque l'hyperthermie. La température corporelle est alors trop élevée.

normal

SYMPTÔMES DE L'HYPOTHERMIE
tremblements, perte d'équilibre, pensées confuses, démarche titubante de personne ivre, muscles rigides, lèvres bleues, envie de dormir

Que signifie coup de chaleur ? vital ? humeur maussade ?

COMMENT SURVIVRE À L'HYPOTHERMIE

1. Arrête de marcher.

2. Enlève tes vêtements s'ils sont mouillés et mets des vêtements chauds ; glisse-toi dans un sac de couchage ou sous une couverture.

3. Si quelqu'un t'accompagne, demande-lui de faire un feu ou de se coller sur toi pour te transmettre sa chaleur.

4. Bois des boissons chaudes et sucrées.

5. Reste éveillé, c'est vital !

Le visuel
Présente ces instructions sous forme de dessins pour des enfants de sept ans.

ET HYPERTHERMIE

SYMPTÔMES DE L'HYPERTHERMIE ET DES COUPS DE CHALEUR

confusion, humeur maussade, vertiges, maux de tête, démarche titubante de personne ivre, peau rouge tournant au bleu à mesure que la situation empire, nausée, vomissements, perte de conscience

Comparaison

Quelles images utiliserais-tu pour comparer les symptômes de l'hypothermie et de l'hyperthermie, et les moyens d'y remédier?

COMMENT SURVIVRE À L'HYPERTHERMIE

1. Dirige-toi vers un endroit frais ou ombragé.

2. Enlève tes vêtements.

3. Prends fréquemment des boissons froides (mais pas d'alcool).

4. Si quelqu'un t'accompagne, demande-lui de te plonger dans un bain d'eau froide (pas glaciale) et de te surveiller.

5. Pour éviter l'hyperthermie, porte un chapeau ou repose-toi pendant les périodes les plus chaudes de la journée. Effectue tes déplacements de préférence à l'aube, au crépuscule ou le soir.

UNE SORTE D'IGLOO

UNE CAVE, UN BRISE-VENT, UN ARBRE TOMBÉ OU UN TROU DANS LA NEIGE

Il est nécessaire d'avoir un abri pour se protéger contre l'hypothermie et l'hyperthermie, les insectes, la pluie, le vent, le Soleil et la neige. Le type d'abri dépend de l'endroit où tu te trouves.

ASTUCES POUR CRÉER UN ABRI

- Construis ton abri à partir d'un tas de branches et de broussailles, et comble les trous avec des pierres ou de la boue pour former un brise-vent.

- Creuse un trou à côté d'un arbre tombé.

- Si tu n'as rien pour construire un abri, assieds-toi devant ton sac à dos et ton équipement en faisant dos au vent.

- Allume un feu et construis un abri tout près.

- Si tu dois dormir dans la neige, pose des branches de sapinage sous ton corps en guise d'isolation.

- Les grottes et les creux dans les falaises sont de bons endroits pour s'abriter. Construis un pare-vent devant l'entrée. Allume toujours un feu à l'arrière de la grotte pour pouvoir sortir si la fumée devenait étouffante.

- Garde ton équipement rassemblé et à proximité de toi pour ne rien égarer.

- Bois le plus d'eau possible pendant que tu construis ton abri.

- Si tu as chaud et que tu transpires pendant que tu construis un abri dans la neige, enlève tes vêtements pour éviter qu'ils ne soient trempés par ta transpiration. Sinon, tu risques d'attraper froid une fois ton abri terminé.

Réflexion

As-tu suffisamment d'information maintenant pour pouvoir te construire un abri peu importe le climat et l'environnement?

Que signifie isolation? hostile?

- Laisse ton imagination te guider et rappelle-toi que l'être humain est résistant. Au cours des millénaires, il a été assez imaginatif non seulement pour concevoir des méthodes de survie, mais aussi pour bien se développer malgré des environnements hostiles.

Opinion

Trouves-tu claires les instructions pour construire un abri ?

Pour améliorer ces instructions, ajouterais-tu des illustrations ou du texte ?

COMMENT CONSTRUIRE UN DÔME DE NEIGE

MATÉRIEL NÉCESSAIRE un grand morceau de tissu, de la neige, de l'écorce et des branches

1. Rassemble des mottes de neige pour en faire un monticule assez haut et large pour que tu puisses y tenir. Recouvre ce monticule d'écorces et de branches, puis étends le tissu dessus.

2. Recouvre le tissu d'une couche de neige, à l'exception d'une petite section qui te servira d'entrée dans cet abri. Attends au moins deux heures avant de passer à la prochaine étape.

3. Une fois que la neige a durci, tire sur le tissu et les branches. Puis retire les mottes de neige à l'intérieur du dôme de neige durcie.

4. Enveloppe des branches dans le tissu de manière à former une espèce de porte et place cette porte devant l'entrée de ton abri.

 Sers-toi d'une partie des écorces et des branches pour couvrir le sol de ton abri.

SITES À ÉVITER

SITES À ÉVITER POUR CONSTRUIRE UN ABRI

- Dans une vallée ou un ravin, car il y a risque d'avalanches de neige ou d'inondation par les eaux de ruissellement.

- En haut d'une colline exposée au vent.

- Sous un arbre mort, dont les branches risquent de tomber.

- Sous un arbre isolé, qui risque d'être frappé par la foudre.

- Près d'une étendue d'eau stagnante, probablement infestée de moustiques et autres insectes.

- Sur une fourmilière.

- Sur le lit d'un ruisseau asséché, qui risque d'être envahi par de fortes pluies.

Question

Connaissais-tu déjà ces mises en garde ?

Trouves-tu que l'une d'elles est inutile ?

Que signifie ravin ? avalanche ? eau stagnante ?

ABRIS QUI SORTENT DE L'ORDINAIRE

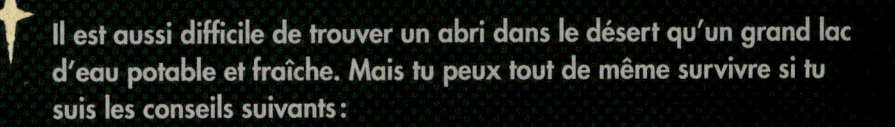

Il est aussi difficile de trouver un abri dans le désert qu'un grand lac d'eau potable et fraîche. Mais tu peux tout de même survivre si tu suis les conseils suivants :

- Tiens-toi près des falaises de hautes dunes ou des rochers pour te protéger des vents et du Soleil.

- Construis un abri avec des arbustes, des broussailles et tout ce que tu peux trouver.

- Construis ton abri tôt le matin, le soir ou la nuit.

- Dans certains déserts, la température du sable est plus fraîche sous la surface. Creuse un fossé dans un axe nord-sud pour avoir de l'ombre.

- Porte des vêtements blancs ou de couleur claire, pour réfléchir la chaleur.

- Éloigne-toi des rochers le jour, car ils absorbent la chaleur, mais profite de cette chaleur le soir.

PETITS OBJETS, GRANDS SECOURS

Si tu comptes passer quelque temps dans la nature, apporte les objets suivants : lampe de poche ou frontale, boussole, montre, miroir, couverture de survie, poncho contre la pluie, couteaux, nécessaire de couture, lunettes de soleil, épingle de sûreté, allumettes, briquets, sacs-poubelles, bandages, élastiques, pansements adhésifs.

Question
Sur quels critères bases-tu ton choix des 10 objets les plus utiles ?

FAIS PREUVE D'IMAGINATION

Si tu comptes passer quelque temps dans la nature, pense à apporter une trousse de survie. Énumère 10 articles que TU apporterais et décris l'usage que tu en ferais :

1. DANS LA NEIGE
2. DANS LE DÉSERT

Lire entre les lignes

Pourquoi est-il important que tu t'exerces à dresser ta propre liste d'objets indispensables pour une expédition en nature ?

LÀ OÙ IL Y A DE L'EAU, il y a de l'espoir

Et l'eau? Il y a plusieurs façons de se procurer de l'eau dans des environnements extrêmes. Retiens les points suivants:

- L'eau coule de haut en bas. Si tu suis un cours d'eau, il peut te conduire vers un hameau où les gens s'abreuvent de son eau.
- Les pistes d'animaux mènent souvent à une source d'eau.
- Au crépuscule, les oiseaux et les animaux se dirigent vers les sources d'eau. Observe leurs trajectoires.
- On peut recueillir la rosée sur la surface des plantes avec un morceau de tissu, que l'on tord ensuite au-dessus d'un contenant ou directement dans sa bouche.
- Si tu es dans la neige, ne la mange pas, car cela peut abaisser la température de ton corps. Mets-en dans un contenant que tu placeras entre deux couches de tes vêtements.
- Ramasse la neige dans un morceau de tissu non imperméable. Suspends-le près d'un feu et recueille l'eau dans un contenant que tu placeras sous le tissu.
- Si tu es dans une région de glace de mer, tu dois savoir que la couche de glace la plus ancienne, généralement bleuâtre ou noirâtre, se brise facilement. Elle contient moins de sel que les couches superficielles.
- Si tes réserves d'eau sont presque épuisées, suce des cailloux ou humecte tes lèvres.

Opinion
Aurais-tu pensé à utiliser ces techniques pour t'abreuver? Quels autres conseils ajouterais-tu à cette liste?

* Lorsque, enfin, tu trouves de l'eau, évite de prendre de grandes gorgées.

Intention du texte
Pourquoi les consignes sont-elles rédigées en utilisant le tutoiement?

11

COMMENT RECUEILLIR
DE L'EAU DANS LE DESERT

Pour trouver de l'eau dans des environnements chauds et secs, creuse le lit desséché des cours d'eau. La végétation sur les parois des falaises peut être une indication qu'il y a de l'eau dans quelques creux des rochers. Si tu as un sac en plastique, tu peux aussi recueillir de l'eau. Voici la marche à suivre.

SAC DE TRANSPIRATION IMMOBILE

A. Noue un sac en plastique autour d'une branche d'un feuillu.

B. Mets une pierre dans le sac. L'eau qui transpirera du feuillage s'écoulera dans le fond du sac.

SAC DE TRANSPIRATION MOBILE

A. Arrache une branche à un feuillu.

B. Enroule un sac autour des feuilles. Mets une pierre dans le sac pour forcer la transpiration à s'écouler vers le fond. (Il faut utiliser une nouvelle branche chaque jour.)

Que signifie transpiration ? évaporer ? condensation ?

des cailloux pour maintenir en place le sac de plastique

sac de plastique
petit caillou
contenant

LA CONDENSATION

A. Creuse un trou.

B. Place un contenant au centre.

C. Dépose un sac de plastique sur le trou et mets des cailloux aux quatre coins du sac pour qu'il reste bien en place. L'eau qui va s'évaporer du sol formera de l'humidité sur les parois du sac.

D. Place un petit caillou au centre du sac de plastique, directement au-dessus du contenant. La condensation d'eau sur le sac s'écoulera ainsi dans le contenant.

Le visuel
À l'aide de dessins, montre comment il est possible de trouver de l'eau dans le désert.

ET L'URINE ?

Peut-on boire sa propre urine ? Certains disent que boire son urine permet de conserver son hydratation, dans les situations où aucun autre liquide n'est accessible. Mais d'autres affirment que l'urine contient trop de sel, et qu'en boire peut déshydrater davantage le corps et provoquer des vomissements. L'armée des États-Unis cherche à fabriquer des sacs d'aliments qui peuvent être réhydratés avec de l'urine.

ABANDONNÉS DANS LE DÉSERT

ASTUCES POUR RESTER EN VIE

Survivre dans le désert représente un défi. Voici quelques précautions à prendre.

- N'enlève pas tes vêtements.
- Ne relève pas tes manches lorsque tu es au soleil.
- Si tu n'as pas de chapeau, fais-t'en un avec un vêtement. Ta nuque doit aussi être couverte.
- Respire par le nez plutôt que par la bouche.
- Effectue tes déplacements tôt le matin, en fin d'après-midi et le soir.
- Étends-toi à l'ombre pendant les moments les plus chauds de la journée.
- Ne marche pas sans but précis. Essaie de suivre les traces des animaux.
- S'il y a une tempête de sable, assieds-toi dos au vent et attends. Tu pourrais mourir de chaleur et de soif, mais on ne t'enterrera pas vivant !

Opinion

Les consignes que tu viens de lire énumèrent les choses à faire sans expliquer pourquoi il faut les faire. Est-ce une bonne manière de s'y prendre pour enseigner aux gens à survivre dans le désert ?

Accessoires chics dans le désert

Les lieux semblent plus rapprochés dans le désert. Voici une façon de calculer les distances. Si tu vois une montagne au loin, évalue à quelle distance elle se trouve et multiplie par trois ! Tu peux voir des mirages ou avoir des visions dans la chaleur intense, surtout au milieu de la journée. Tu dois également protéger tes yeux.

Le visuel
Quelle représentation graphique proposerais-tu pour illustrer la manière de calculer les distances dans le désert ?

DES LUNETTES DE SOLEIL IMPROVISÉES

Tu as oublié d'apporter des lunettes de soleil. La lumière et la poussière sont difficiles à supporter dans le désert. Voici comment fabriquer des lunettes :

1. Prends un morceau de tissu, par exemple un mouchoir ou un foulard.
2. Fais deux fentes étroites pour les yeux au milieu du tissu.
3. Noue les extrémités du tissu derrière ta tête.

Opinion
Ce guide de survie devrait-il présenter aussi des récits de survivants du désert ?

LES VERTUS du MAQUILLAGE

Une famille a survécu dans le désert en appliquant du rouge à lèvres sur les lèvres et les ampoules ainsi que sur les joues et les bras pour se protéger contre le soleil. Toute la famille s'est réfugiée dans l'ombre de la voiture et les parents ont enterré les enfants jusqu'au cou dans le sable, plus frais sous la surface. Ils ont aussi posé un linge trempé d'urine sur le visage des enfants. Ça peut sembler épouvantable, mais ils ont survécu !

L'ADAPTABILITÉ

L'adaptabilité est la clé de la survie. Les premières espèces d'êtres humains ont survécu dans des environnements et des conditions climatiques extrêmes parce qu'elles ont su s'adapter. Les colons britanniques faillirent mourir de faim lorsqu'ils débarquèrent en Australie. Pourtant, les Autochtones qui habitaient cette région depuis des milliers d'années disposaient d'une abondance de viande (wallabys, opossums, varans, serpents), de fruits de mer (huîtres, moules, ormeaux) de poissons et de végétaux (noix, baies, ignames). Les colons ne savaient pas que l'on pouvait manger autre chose que du bœuf et de l'agneau, ou du maïs et des pommes de terre !

JAMAIS SANS EAU

Le besoin de nourriture est moins important que le besoin de chaleur et d'eau. On peut se passer de manger pendant des semaines. Il ne faut pas manger n'importe quelle plante que l'on trouve. Certaines tuent plus rapidement que le manque de nourriture. Et n'oublie pas que l'eau est essentielle à la digestion des aliments. S'il n'y a pas d'eau, mieux vaut ne pas manger.

Que signifie colon ?

Que SAIS-TU de la SURVIE ?

ESTOMACS FRAGILES, S'ABSTENIR !

L'Australien Douglas Mawson, explorateur de l'Arctique, a accompli des miracles. Son équipe et lui ont survécu pendant des mois dans l'Arctique en se nourrissant des chiens des attelages. Le problème, c'est que le foie des huskys contenait des niveaux très toxiques de vitamine A. Leur peau a noirci et s'est mise à se desquamer. Seule une personne survécut. Morale de l'histoire : il est déconseillé de manger le foie des chiens, des ours polaires et des phoques !

Aller plus loin
Fais une recherche sur cette aventure de Douglas Mawson et la façon dont son équipe et lui ont tenté de survivre.

Tu es dans la toundra arctique et tu as une centaine de kilomètres à marcher pour rejoindre ton camp. Tu disposes seulement des ressources suivantes :

- un attelage de huskys
- dix grands poissons gelés
- une peau de caribou
- un nerf de caribou

Utilise ces quatre éléments pour établir une marche à suivre pour survivre au cours d'un trajet vers un lieu sûr.

COMMENT CONSTRUIRE UN TRAÎNEAU

Matériel : dix poissons gelés, une peau de caribou, un nerf de caribou, des huskys

A. Plonge les poissons dans un trou de phoque pour les garder gelés et attache trois poissons pour faire un long patin. Recommence avec trois autres poissons.

B. Place les autres poissons par-dessus sous forme de lattes perpendiculaires.

Que signifie perpendiculaire ?

C. Mets la peau de caribou sur les lattes et fixe-la en place avec le nerf.

C'était la façon de faire des Inuits.

GRAISSE D'OIE
et papier d'emballage

Les êtres humains ont toujours trouvé des façons ingénieuses pour ne pas mourir de froid. Il y a très longtemps, en Angleterre, des pauvres s'enduisaient de graisse d'oie et se couvraient le corps de papier. La graisse et le papier formaient un isolant. Ils gardaient le papier sous leurs vêtements et ne l'enlevaient qu'à la fin de l'hiver. Pas question de prendre un bain ! Ça a l'air dégoûtant, mais l'adaptabilité est la clé de la survie. Si tu avais le choix entre puer ou mourir, que choisirais-tu ?

Opinion
Est-il important de savoir improviser aujourd'hui alors qu'il y a tellement de choses à notre disposition ?

Réaction personnelle
As-tu déjà dû recourir à ton imagination et à ton sens de la débrouillardise pour te sortir d'une situation difficile ?

IL N'Y A PAS DE FUMÉE

S'il y a des gens qui sont partis à ta recherche (espérons que c'est le cas!), il est important que tu leur signales ta présence. Ce n'est pas tout le monde qui a des fusées éclairantes dans ses bagages!

- Allume trois feux l'un à côté de l'autre. (Les feux sont un symbole de détresse reconnu dans le monde entier.) On peut aussi voir la fumée de loin.

- Utilise des lampes de poche la nuit.

- Un sifflet peut être utile pour signaler ta présence à courte distance.

- Utilise un réflecteur les journées ensoleillées, par exemple un miroir, une boucle de ceinture, une couverture de survie, une boîte de conserve ou le papier d'emballage d'une barre de chocolat. N'importe quel instrument pourvu qu'il reflète la lumière du Soleil.

- Trace des signaux sur la neige ou le sable:

  - écris un message de détresse en empilant des mottes de neige. L'ombre ainsi créée attirera l'attention du haut des airs. S'il y a des arbres dans les environs, écris ton message en disposant des branches sur la neige.

  - mélange de la neige ou du sable avec des matériaux d'une autre couleur comme du sapinage, des pierres ou des algues.

Le visuel
Dessine les signaux de détresse décrits ci-contre.

Aller plus loin
Fais une recherche sur les signaux de détresse universels, c'est-à-dire qui ont la même signification partout dans le monde.

À L'AIDE!

SANS FEU !

COMMENT FAIRE UN FEU

1. Ramasse des branches sèches. Évite les branches qui se trouvent directement sur le sol, car elles sont souvent humides. S'il n'y a pas de bois, cherche des excréments d'animaux secs, de la mousse sèche et du lichen. En guise d'allume-feu, utilise du papier, de l'herbe sèche, des brindilles, des cônes de conifères et des feuilles séchées.

2. Forme une pyramide avec les matériaux qui te servent d'allume-feu. Si tu as du papier, mets-le au centre.

3. Approche une allumette de ton allume-feu. Si tu n'as pas d'allumettes, tu peux utiliser du verre pour diriger les rayons du Soleil sur du papier ou de l'herbe sèche.

4. Le feu doit respirer. Si les premières flammes sont vacillantes, souffle doucement sur le feu pour faire des flammes.

5. Une fois que le petit bois brûle, ajoute du bois sec.

Que signifie lichen ? allume-feu ?

Au-delà du texte

Si tu te perdais dans la nature, quelles stratégies utiliserais-tu pour signaler ta présence ? Rédige une marche à suivre.

21

L'ÉTAT D'ESPRIT, ÇA COMPTE !

Pour survivre, il est essentiel de se parler. Si tu renonces à te battre, tu ne t'en sortiras pas. N'oublie pas que si tu te laisses aller, tu souffriras encore plus de douleur physique, de faim et de soif. Et ton cerveau pourrait te jouer des tours et tu entendras une petite voix à l'intérieur : c'est trop dur, à quoi bon, tu ne t'en sortiras pas, personne ne va te trouver, etc.

COMMENT REPRENDRE ESPOIR

1. Pense à la joie de retrouver tes proches.

2. Occupe-toi de ta propre survie. Ramasse du bois de chauffage, va chercher de l'eau et construis un abri.

3. Imagine l'avenir et toutes les merveilleuses choses que tu feras au retour.

Réflexion
Utiliser un ton humoristique pour décrire une marche à suivre, est-ce une bonne stratégie ? Justifie ta réponse.

SURVIE EXTRÊME, CHOIX EXTRÊMES

Dans des situations extrêmes, les gens sont parfois forcés de prendre des décisions extrêmes qui vont contre leurs principes.

JEU-QUESTIONNAIRE : QUE SERAIS-TU PRÊT À FAIRE POUR SURVIVRE ?

1. Serais-tu capable de prendre les vêtements et les objets d'amis morts ? **Oui/Non**

2. Mangerais-tu des rats, des serpents, des cafards, des oiseaux, des chauves-souris et toute nourriture que tu trouverais sur ton chemin ? **Oui/Non**

3. Mettrais-tu ta main sous l'aisselle puante de quelqu'un pour réchauffer tes mains ? **Oui/Non**

4. Refuserais-tu de partager ta nourriture et ton eau avec d'autres personnes ? **Oui/Non**

5. Refuserais-tu de partager tes vêtements pour garder d'autres personnes au chaud ? **Oui/Non**

6. Abandonnerais-tu quelqu'un qui est blessé et te retarde dans ton trajet vers des secours ? **Oui/Non**

7. Boirais-tu ta propre urine ? **Oui/Non**

8. Tuerais-tu des animaux de tes propres mains pour manger ? **Oui/Non**

9. Mangerais-tu d'autres personnes ?
    a) Mortes **Oui/Non**
    b) Vivantes **Oui/Non**

10. Te couperais-tu un doigt, une main, un pied ou une jambe pour dégager ton corps qui serait coincé ? **Oui/Non**

Chaque « oui » vaut un point.

Opinion
Penses-tu que les questions de ce jeu-questionnaire sont exagérées ? **Justifie ta réponse.**

SCORES

De 10 à 11 :	Tu vas probablement t'en sortir.
De 8 à 9 :	Tu es capable de surmonter tes dégoûts pour survivre.
De 6 à 7 :	Tu survivras peut-être.
De 4 à 5 :	Tes chances de survie sont minces.
De 1 à 3 :	Laisse tomber, allonge-toi et laisse-toi mourir.

TRUCS ÉLÉMENTAIRES DE SURVIE

Tes parents t'ont peut-être déjà donné des conseils de survie...

Non, non! Pas les conseils du genre « porte des sous-vêtements propres ou mange des légumes. Plutôt des conseils comme ceux-ci :

1. On perd de la chaleur par la tête et les pieds. Porte un chapeau et des chaussettes pour rester au chaud.

2. Prends un mouchoir. Non, ce n'est pas une blague! Tu pourras y faire fondre de la neige pour t'abreuver. Il te servira aussi pour collecter la rosée sur des végétaux ou fabriquer des lunettes de soleil. Il pourra aussi recouvrir une blessure et, bien sûr, servir à te moucher.

3. Si l'eau est sale et polluée, fais-la bouillir.

Que signifie abreuver? improvisation?

QUESTION : Dans une situation de survie, quel est le meilleur outil selon toi?

RÉPONSE : Tu n'as pas encore compris? Ton meilleur outil est ton cerveau. Tu dois imaginer toutes les façons d'utiliser ce qui t'entoure, par exemple une simple boîte de sardines. Le plus important, c'est de ne pas paniquer. Réfléchis à ta situation, regarde autour de toi et pense à un plan de survie.

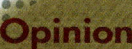

Opinion

Utiliser un ton sarcastique pour décrire une marche à suivre, est-ce que cela permet de mieux faire passer un message? Justifie ta réponse.

ACTIVITÉ

Donne 10 façons d'utiliser une boîte de sardines.

IMPROVISATION ET IMAGINATION

Scénario n° 1

Avec ta classe, tu fais une excursion dans le désert, organisée par un professeur qui fait des efforts pour emmener les élèves hors de l'école. Au moment du retour, l'autobus part sans toi. Hop là! Tu te retrouves seul dans le désert. Tu dois rester au frais, trouver de l'eau et envoyer des signaux de détresse.

Réfléchis à tous les usages possibles des objets suivants :

- des barres de chocolat emballées dans du papier aluminium
- une orange
- un sac en plastique
- un stylo à bille
- un cahier
- un T-shirt
- de petits buissons
- des pierres avec un côté tranchant
- un appareil photo

Préjugé
Le texte véhicule-t-il un préjugé envers les professeurs en présentant le cas d'un enseignant qui laisse un enfant en situation de danger dans le désert ?

Rédige une marche à suivre (pour la prochaine personne qui sera abandonnée dans le désert) sur la façon de survivre pendant quelques jours à l'aide de ces objets.

Le visuel
Que dessinerais-tu pour illustrer les scénarios de survie n°s 1 et 2 ?

Scénario n° 2

Tu fais une excursion de ski de fond avec ta classe, et vous êtes pris dans une tempête de neige. Tu finis par perdre de vue tes camarades. Réfléchis à toutes les façons d'utiliser les objets suivants :

Que signifie sextant ? Touareg ?

- une tuque
- des bâtons de ski
- une montre
- des bottes de neige
- un foulard
- une canette de boisson
- des lunettes de ski
- un sac en plastique rempli d'arachides
- des pièces de monnaie
- des gants
- des skis
- des conifères

Rédige une marche à suivre sur la façon de survivre pendant quelques jours à l'aide de ces objets.

Intention du texte
En quoi faire les exercices de survie n°s 1 et 2 peut-il t'être utile ?

ILS ONT SURVÉCU !

Un homme meurt dans un ouragan

Une femme et son compagnon faisaient de la voile lorsqu'un ouragan a éclaté. L'homme lui a demandé de se réfugier dans la cabine pendant qu'il s'attachait à une ligne de sécurité. Lorsqu'elle a repris connaissance le lendemain, elle s'est aperçue que son compagnon avait disparu et qu'elle saignait. Accablée par la mort de son ami et affaiblie par la perte de sang, elle n'a rien fait pendant deux jours. Puis elle a senti le besoin de se battre. Elle a calculé sa position à l'aide d'un sextant et a navigué pendant 42 jours avant d'arriver à Hawaï. Aujourd'hui, elle fait encore de la voile, malgré cette triste aventure.

Il a survécu en buvant du sang de chauves-souris !

Un Italien qui participait à un marathon dans le Sahara s'est perdu dans une tempête de sable. Il a survécu pendant huit jours dans la chaleur intense du jour et les nuits glaciales avec très peu d'eau. Il buvait le sang de deux chauves-souris et a finalement réussi à se joindre à un groupe de Touaregs. Depuis il a participé à six marathons.

Réflexion
Crois-tu que ces histoires sont vraies ? Pourquoi ?
Comment pourrais-tu le vérifier ?

Une adolescente avait la peau couverte de vers

Une adolescente allemande se trouvait dans un avion qui a été pris dans une tempête en Amazonie. Lorsqu'elle a repris connaissance, elle s'est rendu compte qu'elle était la seule survivante parmi les 92 personnes à bord. Elle s'est alors rappelé ce que lui avait dit son père : il faut aller vers le bas pour trouver de l'eau. Elle avait une fracture à la clavicule, la main coupée et ne voyait que d'un seul œil. Le dixième jour, elle a trouvé du kérosène près d'une cabane de chasseur et a pu tuer les vers sur sa peau. Le jour suivant, un groupe de chasseurs est arrivé et l'a sauvée. Elle est maintenant zoologiste.

On le croyait mort !

Il y a environ 200 ans, un trappeur américain est arrivé face à face avec une ourse et ses petits. L'ourse a déchiré des morceaux de sa chair. Les autres trappeurs ont tiré sur l'ours, qui s'est effondré sur l'homme. Après avoir essayé pendant trois jours de le sauver, les trappeurs l'ont abandonné, croyant qu'il était mort. L'homme s'est enfin réveillé, mais il ne pouvait pas marcher. Il a rampé pendant 160 km, vivant de fruits sauvages et de viande provenant de carcasses d'animaux tués par des loups. L'homme a pris six mois pour ramper chez lui !

Le visuel
Quelles images utiliserais-tu pour illustrer un de ces récits ?

Regard sur la langue
Pourquoi certains mots captent-ils davantage que d'autres l'intérêt des lecteurs ? Repère des mots dans ces récits qui évoquent des sentiments de tristesse, de peur, de soulagement.

RÉFLEXION SUR LE TEXTE

ÉTABLIS DES LIENS

Quels liens peux-tu établir entre ce que tu viens de lire dans le *Guide de survie* et ton vécu?

LIENS AVEC TON VÉCU

- Visualiser la fin de la mésaventure
- Se remémorer les étapes de la marche à suivre du guide de survie
- Rester calme et concentré
- Suivre les étapes de la marche à suivre
- Faire preuve de bon sens
- Penser de façon logique
- Interpréter l'information

LIENS AVEC TES LECTURES

As-tu déjà lu ou écouté des marches à suivre du même genre que celles que tu viens de lire ? Compare-les avec celle-ci.

LIENS AVEC LE MONDE

Quels éléments du texte te font penser à des situations ou à des événements dont tu as déjà entendu parler à la télé ou sur des sites d'information dans Internet ?

PLANIFIER UNE MARCHE À SUIVRE

Demande-toi

qui sont les **lecteurs** que tu veux rejoindre. Tiens compte de leur âge et de leurs connaissances du sujet.

Demande-toi

quel est **l'objectif** de ta marche à suivre : indiquer comment faire une chose ? comment utiliser une chose ? ou comment développer une habileté ?

Demande-toi

quel **niveau de langue** convient à tes lecteurs. Faut-il utiliser une langue simple ou technique, des termes vulgarisés ou scientifiques ? un ton formel ou de dialogue ?

Demande-toi

quelle est **l'information** dont les lecteurs ont besoin pour appliquer la marche à suivre.

Demande-toi

si **l'ordre** dans lequel tu présentes les étapes de ta marche à suivre est logique. Qu'est-ce qui doit venir en premier lieu, en dernier... ?

Comment faire → But → Matériel → Séquence des étapes

Comment faire → But → Séquence des étapes

Comment utiliser → Matériel → Séquence des étapes

Demande-toi

comment tu pourrais rendre ta marche à suivre claire et facile à comprendre.

- Utilise des diagrammes, des photos, des illustrations, des cartes ou tout autre support graphique.
- Utilise des titres et des sous-titres pour établir des catégories d'information.
- Numérote les étapes de ces listes à l'aide de puces, de flèches ou autres signes graphiques.
- Rédige les étapes sous forme de listes.

RÉDIGER UNE MARCHE À SUIVRE

AS-TU...

- établi le but de ta marche à suivre ?
- évité de t'éloigner du sujet ?
- fourni des informations exactes et fiables ?
- utilisé des verbes d'action, par exemple boire, enlever, couvrir, faire, couper, envelopper... ?
- utilisé un langage clair et précis, facile à comprendre ?
- utilisé des mots qui indiquent l'ordre des étapes : ensuite, après, alors, avant... ?
- écrit au présent ou au futur ?
- inclus des listes de matériel ?
- ajouté des éléments visuels : titres et sous-titres, cartes, dessins, photographies, illustrations, puces, flèches, légendes... ?
- formulé des règles, des conseils ?

Relis ton texte.

Sens-tu, à cette lecture, qu'il serait bon de changer, d'ajouter ou de supprimer des mots pour améliorer ton texte ?